Aves de Puerto Rico

Información General y Dibujos para Colorear
por Roland Borges Soto

ISBN-13: 978-1511842747

ISBN-10: 1511842741

Roland Borges Soto (Author) CDPR (c) 1998-2013

RBS(c)2014

Las Aves de Puerto Rico

La avifauna de Puerto Rico está compuesta por 349 especies, de las cuales 17 son endémicas del archipiélago. Casi la mitad de las especies (166) son nómadas, lo que significa que sólo han sido vistas en parejas o sólos, y 42 de las especies han sido introducidas, ya sea directamente o indirectamente (la mayoría a través de la alteración de su hábitat) por los humanos.

La avifauna del Caribe es predominantemente originaria del sur de Norteamérica y América Central, junto con algunas especies agresivas Suramericanas que han colonizado la zona recientemente. Las familias suramericanas que ocupan las Antillas son los Colibríes (Trochilidae), Tiránidos (Tyrannidae), Plataneros (Coerebidae) y Fruteros (Thraupidae), todos ellos representados en Puerto Rico. Una teoría sugiere que la avifauna colonizó el Caribe al dispersarse transoceánicamente durante los periodos glaciáles del Pleistoceno.

Bien-te-veo de Puerto Rico

NOMBRE CIENTIFICO Vireo latimeri

IDENTIFICACIÓN

Pequeño pájaro forestal de cabeza gris, pecho blanco y vientre amarillo pálido. Un anillo blanco incompleto rodea los ojos. Al igual que otros vireos, el grueso pico tiene un ligero gancho en la punta. Tamaño: 12 cm.; peso: 11-12 g.

VOZ

El sonoro canto se ve reflejado en el nombre popular para la especie: "bien-te-veo". Cada individuo canta varias versiones de este canto básico a lo largo del día, pero más frecuentemente temprano en la mañana. Si un individuo empieza a cantar, los Bien-te-veos en territorios circundantes le responden, muchas veces con la misma versión del canto. Al igual que otros vireos, también tiene un llamado de regaño que emite al ser molestado.

HÁBITAT

Bosques montañosos, cafetales de sombra, mogotes costeros y matorrales espinosos con abundante enmarañado.

HÁBITOS

El Bien-te-veo se mueve lentamente por el follaje, investigando las hojas en busca de presas como saltamontes, cigarras, escarabajos y orugas. También come arañas, lagartijos y pequeñas bayas. Prefiere el estrato intermedio y el inferior de los árboles pero, ya que forrajea despacio en la vegetación tupida y en las enredaderas, localizar la especie puede resultar un tanto difícil no obstante su sonora voz. El nido es una copa en una rama y contiene tres huevos rosados con manchas marrones.

5

Bobito de Puerto Rico

NOMBRE CIENTIFICO (Contopus portoricensis)

HÁBITAT
Es una especie común en las zonas boscosas de la isla. Es más común en los bosques calizos de la zona norte de Puerto Rico.

HÁBITOS
Se alimenta mayormente de insectos y se le ha visto comiendo lagartijos.

Calandria de Puerto Rico

NOMBRE CIENTIFICO Icterus dominicensis portoricencis

IDENTIFICACIÓN
La Calandria adulta es negra, con un parche en las alas, la rabadilla y la parte inferior de la base de la cola color amarillo. Los inmaduros son verde oliva. Tamaño: 20-22 cm.; peso: 37 g.

VOZ
El canto es un silbido agudo emitido principalmente al amanecer. Durante el día mientras forrajea en los árboles, emite un áspero "chic", casi como una toz.

HÁBITAT
Bosques secos y húmedos, incluyendo cafetales de sombra; plantaciones de cítricos, manglares, palmares y jardines urbanos.

HÁBITOS
La Calandria se alimenta principalmente de insectos en el dosel y el estrato intermedio de los bosques pero también consume frutos y el jugo de chinas (naranjas) demasiado maduras. Entre los insectos que depreda figuran grillos, tijerillas, saltamontes, cucarachas, cigarras, escarabajos, orugas, hormigas y avispas. También se alimenta de arañas, escorpiones, lagartijos y coquíes. Al igual que muchos integrantes de la familia Icteridae, tiene unos músculos muy fuertes en la base del cráneo que le permiten abrir el pico contra gran resistencia. Esto le permite a la Calandria abrir bromelias, hojas enrolladas, y la corteza o madera de los árboles en una técnica de forrajeo llamada "gaping" ("abriendo con el pico") en inglés. Forrajea metódicamente brincando de rama en rama, inspeccionando, a veces colgando boca abajo, cualquier lugar que pueda albergar los insectos que forman su dieta. El nido colgante y fibroso es típico de los ictéridos y con frecuencia está hecho en una palma. La construcción del nido es mayormente tarea de la hembra y es ella quien incuba los 3 ó 4 huevos azulosos o ligeramente color marrón y alimenta la nidada. Los jóvenes suelen acompañar a los padres durante la mayor parte de su primer año de vida.

9

Carpintero de Puerto Rico

NOMBRE CIENTIFICO Melanerpes portoricensis

IDENTIFICACIÓN
Partes dorsales completamente negras, con la frente blanca y la garganta y el pecho de un rojo brillante. El vientre inferior y los flancos son color acanelado. La rabadilla blanca destaca al volar. La hembra tiene menos rojo ventralmente que el macho. Tamaño: 23-27 cm.; peso promedio: alrededor de 70 g., siendo las hembras más pequeñas que los machos.

VOZ
Los llamados incluyen una serie ruidosa de notas "uica". Tamborea en los árboles, pero no tan frecuentemente como otros carpinteros en América del Norte.

HÁBITAT
Bosques, cafetales de sombra, manglares, palmares, parques y jardines: dondequiera que haya árboles.

HÁBITOS
El Carpintero de Puerto Rico inspecciona la corteza, sondea grietas y taladra huecos en troncos y ramas en busca de sus presas favoritas: larvas de escarabajos, hormigas, tijerillas y otros insectos. Esta ave posee plumas rígidas en la cola que le permiten apoyarse contra la corteza mientras taladra. A veces se alimenta de escorpiones, lagartijos y coquíes, y más de un cuarto de la dieta consiste de la fruta de la palma y bayas. Las hembras, un tanto más pequeñas que los machos, suelen forrajear con mayor frecuencia en las ramas más delgadas de la copa de los árboles, alimentándose de los insectos que encuentran en la superficie de las hojas o la rugosidad de la corteza. Los machos, por contraste, optan por taladrar huecos al forrajear. Al igual que otros carpinteros, el Carpintero de Puerto Rico posee una especie de púas en la lengua y una saliva viscosa que le ayudan a extraer insectos de grietas y huecos. Los ligamentos que controlan la lengua son tan largos que están almacenados bajo la piel en la parte trasera del cráneo. Al volar, los carpienteros pausan entre vigorosos aleteos, produciendo un vuelo ondulado. El Carpintero de Puerto Rico excava un hueco en un árbol, o a veces un poste de luz, y en él deposita entre 4 y 6 huevos blancos.

11

Chango

Ave nativa muy común, no endémica. Es de comportamiento muy agresivo hacia los humanos, cualquier persona que se acerque a su área de anidaje o porte alimentos en sus manos puede ser atacada por esta ave muy sorpresivamente, acostumbra asustar a los transeúntes lanzándose sobre ellos con fuerte chirrido.

NOMBRE CIENTIFíCO Quiscalus niguer

IDENTIFICACIÓN

Ave de plumaje negro lustroso con el pico largo y angosto, cola larga y brillantes ojos amarillos. La hembra es más pequeña y menos brillosa que el macho. Los juveniles tienen los ojos color marrón. Rara vez, algunos individuos exhiben plumas blancas en el plumaje. El Mozambique acostumbra llevar las plumas externas de la cola más elevadas que las del centro, la cola formando una V cuando es vista desde atrás. Tamaño: alrededor de 11 pulgadas (25-30 cm.); peso: 3 onzas machos (87 g.); hembras 2.25 onzas (65 g.)

HÁBITAT

Fincas, áreas abiertas y poblados. Evita bosques densos.

ESTADO Y CONSERVACIÓN

Un ave común en los pueblos y los campos de Puerto Rico, especialmente en los llanos costeros. Los pichones del Mozambique en nidos parasitados por el Tordo tienen una tasa de crecimiento más baja que aquéllos en nidos no parasitados. La hembra del Mozambique comúnmente arroja los huevos del Tordo fuera del nido.

DISTRIBUCIÓN

Se encuentra tan sólo en las Antillas Mayores.

13

Comeñame de Puerto Rico

NOMBRE CIENTIFICO Loxigilla portoricensis

IDENTIFICACIÓN

Un pájaro forestal de plumaje negro, con el pico grueso y manchas rojizas sobre los ojos, en la garganta y debajo de la base de la cola. La hembra es un poco más pequeña y de coloración más apagada que el macho. Tamaño: 17-19 cm.; peso: 32-33 g.

VOZ

El canto es una serie de sonoros silbos seguidos por un trino agudo (algo parecido al canto del Cardenal Común de América del Norte, Cardinalis cardinalis). El trino a veces no es audible a distancia o en la vegatación densa. El Comeñame a menudo canta a cualquier hora del día, escondido en la copa de los árboles o el follaje tupido. También emite un tenue "tsuit".

HÁBITAT

Bosques secos y húmedos con abundante maleza, matorrales tupidos y cafetales en toda la Isla, con excepción del extremo este.

HÁBITOS

El Comeñame se alimenta de frutas y semillas y, con menos frecuencia, de brotes, flores y néctar. Forrajea en la vegetación tupida, desplazándose por todos los niveles del bosque pero especialmente en el estrato intermedio de los bosques húmedos y el dosel de los bosques secos y enanos. Prefiere las ramas exteriores de árboles y arbustos, no el interior de los mismos. Vuela de rama en rama, en cada parada escudriñando cuidadosamente los alrededores en busca de alimento. A veces extiende tanto el cuerpo para alcanzar un racimo de frutas que casi cuelga de sus patas. Por lo menos unas 41 especies de plantas han sido identificadas en su dieta, incluyendo los frutos del camasey, el cachimbo y la palma de sierra. El grueso pico le permite al Comeñame alimentarse de semillas demasiado grandes o duras para otras aves. En un estudio, los insectos (orugas, escarabajos, avispas), caracoles y arañas constituyeron aproximadamente un tercio de la dieta. El Comeñame forrajea solo, en parejas y, a veces, en pequeñas bandadas mixtas con otras aves. Se alimenta asiduamente en la mañana y temprano en la tarde y bebe el agua que se acumula en las charcas o en las bromelias y otras plantas. Es visto frecuentemente atravesando carreteras o claros de bosque, volando bajo y rápido. Construye un nido globular con la entrada al lado. Una nidada típica consiste de tres huevos manchados color verde claro.

15

Cotorra de Puerto Rico AVE EN PELIGRO DE EXTINCION

NOMBRE CIENTIFICO: Amazona vitatta

NOMBRE ORIGINAL INDIGENA (TAINO):Higuaca, TAMAÑO ADULTO: 12Pulgadas (APROX.30CM) PESO ADULTO: 10 Onzas(270G) EDAD REPRODUCTIVA:DE 3-5 Años EPOCA DE ANIDAJE: de febrero a junio HABITAT ACTUAL: El Bosque del Yunque y Bosque Río Arriba ARBOL DE ANINAJE: Palo Colorado (CYRILLA RACOMIFLORA) AVE PROTEGIDA: A Nivel Estatal y Federal. EN PELIGRO DE EXTINCION: Desde el año 1967 CANTIDAD DE INDIVIDUOS: Menos de 50 silvestres ENEMIGO NATURAL: Zorzal Pardo

CARACTERISTICAS

Las principales características de nuestra cotorra puertorriqueña son franja roja sobre el pico, anillo blanco alrededor de los ojos, verde intenso en sus plumas del cuerpo, plumas azul claro en la parte inferior de las alas que se dejan ver durante el vuelo y cola corta.

Es una de las dieciséis (16)especies de aves endémicas que tenemos en Puerto Rico y se encuentra en peligro de extinción actualmente. Se dice que cuando los españoles llegaron a Borinquen habían alrededor de un millón de ellas (año 1493}.Con el paso de lo años y la intervención del hombre en su habitat, mediante la deforestación, la hizo sucumbir de ese número exorbitante de individuos al borde de su extinción. Otros factores que han contribuido a su eventual desaparición han sido la caza indiscriminada, la eliminación por ignorancia de los agricultores y la introdución al país legal e ilegalmente de aves exóticas que han invadido su área de anidaje.

Gracias a los esfuerzos cooperativos del Departamento de Recursos Naturales, El Servicio Forestal De Estados Unidos, El Servicio de Pesca y Vida Silvestre de Estados Unidos y el Fondo Mundial de Vida Silvestre, tenemos la firme confianza de que esta maravillosa y hermosa especie no desaparecerá de la faz de la tierra, ya se comienzan a vizualizar sus grandes logros, especialmente desde que estuvo en gran precario con el paso del devastador huracán Hugo en el 1989 que afectó severamente el área del Yunque, su único habitat natural en la actualidad. Luego del paso de este devastador huracán categoría 4, el decrecido número de individuos de esta especie se redujo aún más y ellos han venido recuperando nuestra querida cotorra a un buen ritmo por año, gracias a sus técnicas modernas.

Guabairo de Puerto Rico

NOMBRE CIENTIFICO Caprimulgus noctitherus

IDENTIFICACIÓN
Ave nocturna, rara y de distribución muy local. El plumaje marrón moteado la mimetiza a perfección. El macho tiene las puntas externas de la cola blancas, pero éstas son visibles sólo cuando el ave vuela. Tamaño: 22-23 cm.; peso: 39.8-41.3 g.

VOZ
El canto es una serie rápida de notas "uip", emitido desde una rama. El canto encuentra su mayor expresión durante la hora antes del amanecer y la hora después del crepúsculo y es más frecuente al principio de la temporada de cría. Emite sus llamados con menos frecuencia al final de la temporada de cría o cuando la cantidad de luz en la noche es extrema: cuando hay luna llena y la noche es muy clara o cuando la noche está nublada y muy oscura.

HÁBITAT
Matorrales costeros secos en áreas muy localizadas del suroeste de Puerto Rico.

HÁBITOS
El Guabairo Pequeño de Puerto Rico se posa en las ramas durante la noche, desde donde emprende vuelo para capturar insectos. Al igual que los querequequés, los guabairos tienen vibrisas, o cerdas rígidas, alrededor de la amplia boca que le ayudan a localizar insectos voladores. El Guabairo necesita de bosques con hojarasca para anidar. De hecho, no construye nido sino que pone la puesta de uno o dos huevos directamente sobre la hojarasca, a menudo debajo de un arbusto bajo. Los huevos son marrón claro, con manchas color marrón oscuro o púrpura. Si un intruso se acerca demasiado al nido, el Guabairo rápidamente se aleja de él y vibra sus alas tratando de desviar al posible depredador con esta distracción. Estos despliegues de distracción son comunes en las aves que anidan en el suelo. El período de incubación es de 19 días y los pichones se mudan de lugar en el suelo varias veces antes de poder volar aproximadamente a las dos semanas después de salir del cascarón.

19

Jilguero

NOMBRE CIENTIFICO Puerto Rican Euphonia

IDENTIFICACIÓN
El jilguero es un ave de variados y brillantes matices amarillos y azules en su plumaje. Es un ave pequeña y de mucha actividad.

HÁBITAT
Hay que buscar los lugares en donde se encuentra la "yerba capitana".

HÁBITOS
Los jilgueros casi siempre se ven en grupos pequeños o en parejas. Su nido, construido en una horqueta en lo alto de un árbol, es muy parecido a una esfera. Se alimenta de los frutos de la planta de "yerba capitana".

21

Juí de Puerto Rico

NOMBRE CIENTIFICO Myiarchus antillarum

IDENTIFICACIÓN

Tiránido de partes dorsales color marrón oscuro y partes ventrales claras. A veces hay una sugerencia de dos barras cremosas en las alas. Tamaño: 18-20 cm.; peso: 23 g.

VOZ

El canto común es un silbo ascendente: "Juí". Durante la temporada de cría canta frecuentemente a lo largo del día. Al igual que muchos otros tiránidos, durante la madrugada el Juí tiene un canto más complejo y bello.

HÁBITAT

Cafetales de sombra y bosques a baja elevación, especialmente matorrales costeros.

HÁBITOS

El Juí está muy bien mimetizado mientras, posado en una rama en los estratos bajos o intermedios del bosque, espera la pasada de algún insecto para volar tras él. Las presas incluyen avispas, abejas, libélulas, hemípteros y orugas, con cerca del 15% de la dieta compuesta por frutas y bayas. Ocasionalmente se alimenta de caracoles, lagartijos y coquíes. Las mandíbulas de los tiránidos tienen ligamentos que cierran el pico rápidamente al alcanzar los insectos en vuelo. De febrero a julio, la especie anida en cavidades en los árboles o nidos artificiales. La puesta consiste de 3 a 6 huevos amarillentos con manchas color marrón que ambos sexos incuban. A diferencia de muchas aves terrestres, pero al igual que la hembra, el macho desarrolla un área en el vientre carente de plumas donde el calor corporal puede ser transferido a los huevos. Los jóvenes pueden volar unos 15 ó 16 días después de salir del cascarón.

23

Llorosa de Puerto Rico

NOMBRE CIENTIFICO Nesospingus speculiferus

IDENTIFICACIÓN

Ruidosa ave forestal de partes dorsales color marrón oliváceo, más oscuro en la parte superior de la cabeza. Las partes ventrales son blancuzcas con estrías color gris claro. Los adultos tienen una pequeña mancha cuadrada color blanco en las alas. Los inmaduros no tienen esta mancha en las alas y las partes ventrales son más oscuras. Tamaño: 16-20 cm.; peso: 35-36 g.

VOZ

El llamado es un áspero y agudo "sip" que es emitido frecuentemente al forrajear en bandadas pequeñas. Durante la temporada de cría, el canto es un débil gorjeo.

HÁBITAT

Bosques montaños, cafetales de sombra, y jardines en las elevaciones más altas de la Isla.

HÁBITOS

Se desplaza en parejas o grupos pequeños, forrajeando enérgicamente en arbustos y árboles en busca de insectos (mariposas nocturnas, orugas, escarabajos, saltamontes, hormigas), arañas, caracoles y lagartijos. También come frutas, alimentándose de éstas posada en una rama vecina. En un estudio, cerca del 40% de la dieta estuvo compuesta por frutas y algunas semillas. La Llorosa es una especie bastante activa pero puede ser difícil de ver en el follaje espeso. La especie pernocta en grandes bandadas ruidosas en el bambú o las palmas. La Llorosa ha sido observada frotando hormigas sobre sus plumas, comportamiento que también se da en otras especies y se llama "anting" en inglés. Se cree que las aves usan el ácido fórmico y otras secreciones de las hormigas para matar parásitos, hongos y bacterias en las plumas y la piel. Esta tangara defiende un territorio durante la temporada de cría de enero a julio. Construye un nido en forma de copa en la maraña de las enredaderas a lo último de una rama, a unos 2-10 metros sobre el suelo. El nido está hecho de hojas, raíces, enredaderas y fibras de hongo y está forrado con tiras de la hoja de la palma. En él la hembra deposita 2 ó 3 huevos blancos o cremosos con manchas marrones. Después de anidar, la Llorosa se integra a las bandadas mixtas, llegando a ser un integrante importante de estas agrupaciones que en Puerto Rico promedian 5 ó 6 especies diferentes. En estos grupos, la Llorosa usa unos llamados peculiares para comunicarse con las otras especies. El observador de aves puede atraer esta especie haciendo chillidos o valiéndose del "pishing".

25

Mariquita de Puerto Rico

NOMBRE CIENTIFICO Agelaius xanthomus

IDENTIFICACIÓN
Ave de mediano tamaño de plumaje negro, pico afilado y una mancha amarilla en los "hombros". Los machos y las hembras tienen plumajes similares. Tamaño: 20-23 cm.; peso: machos 41 g., hembras 35 g.

VOZ
Emite una gran variedad de llamados nasales y silbidos. El llamado es un débil "chic" que emite al balancear la cola.

HÁBITAT
La Mariquita antiguamente se encontraba en los llanos costeros de Puerto Rico pero hoy en día está prácticamente restringida a la isla de Mona, Roosevelt Roads, y los manglares y bosques secos ralos del suroeste de Puerto Rico. Fuera de la temporada de cría, bandadas de esta especie frecuentan campos y los corrales del ganado.

HÁBITOS
La Mariquita se alimenta principalmente de insectos que captura en los árboles. Las presas incluyen escarabajos, orugas, mariposas nocturnas, grillos, tijerillas, avispas, moscas, arañas y ocasionalmente alguna que otra semilla o caracol. A veces vuela en bandadas con el Mozambique y el Tordo y recorre largas distancias entre los lugares donde pernocta o nidifica y los lugares donde se alimenta. Se le puede atraer a los comederos con semillas. Las parejas son monógamas y durante la temporada de cría despliegan con un batir de alas y exhibiendo las manchas amarillas de las alas mientras cantan. La Mariquita anida en colonias y coloca su nido en forma de copa en las palmas, los manglares y otros árboles, a veces usando también cavidades en los árboles o nidos artificiales. En la isla de Mona, también nidifica y pernocta en los acantilados. La hembra pone de 1 a 4 huevos teñidos de verde o azul con manchas marrón y los incuba durante 13 días. Ambos sexos alimentan a los pichones, quienes abandonan el nido unos 13-16 días después de salir del cascarón. Después de abandonar el nido, los jóvenes siguen a los adultos por varias semanas.

27

Múcaro de Puerto Rico

NOMBRE CIENTIFICO Otus nudipes

IDENTIFICACIÓN
Búho pequeño con "cejas" blancas, marrón oscuro por arriba y blanco por abajo, con estrías oscuras en el pecho. El nombre de la especie en latín, "nudipes", hace referencia a las patas y los dedos desnudos del Múcaro, característica poco común en el género. Tamaño: 23-25 cm.; peso: machos 137 g., hembras 143 g.

VOZ
Un trino grave y callado. De cerca se puede escuchar un chasquido justo al empezar del canto. También emite una mezcla de ululatos y cacareos que pueden recordar un mono. Las parejas a menudo cantan a dúo, tan perfectamente que es difícil decir cuando termina la vocalización de un individuo y empieza la del otro.

HÁBITAT
Bosques, arboledas, jardines con árboles y el borde de los bosques. Prefiere bosques con un sotobosque bien desarrollado que tengan palmas o árboles grandes con cavidades.

HÁBITOS
Aunque vocaliza con frecuencia a lo largo del año, el Múcaro puede ser difícil de ver ya que es estrictamente nocturno y tiene la costumbre de cantar escondido en la espesura del follaje. Sin embargo, es posible observarlo brevemente al cruzar en vuelo alguna carretera. También se le puede ver cazando al vuelo los insectos que son atraidos por faroles en zonas boscosas. Se alimenta de grandes insectos (grillos, saltamontes, cucarachas, escarabajos, mariposas nocturnas y orugas) y, ocasionalmente, de pequeños pájaros, lagartijos y roedores. Las presas pequeñas son tragadas enteras y luego las partes no digeribles son regurgitadas en una masa dura ("egagrópila"). El Múcaro despluma las aves y luego las come a pedazos. Al contrario de la mayoría de las aves, los búhos tienen los ojos dirigidos hacia el frente, dándole una visión binocular que ayuda en la captura de presas. Cuando se alarma con la presencia de un Guaraguao u otro depredador, el Múcaro alarga el cuerpo y eriza los cortos penachos que parecen "orejas", con el resultado que el ave queda camuflada como una rama. El nido es una cavidad en un árbol donde la hembra pone 1 ó 2 huevos.

29

Pájaro Bobo Mayor de Puerto Rico

NOMBRE CIENTIFICO Saurothera vieilloti

IDENTIFICACIÓN

Un ave forestal grande de pecho gris y vientre acanelado. Tiene un anillo rojo alrededor del ojo, una larga cola con prominentes manchas blancas por abajo y un pico largo y relativamente recto. Tamaño: 43 cm.; peso: 77-80 g.

VOZ

El canto es una serie rápida de notas "cao", comúnmente descrito como "cao cao, cuc cruc"; también emite una variedad de llamados graves.

HÁBITAT

Malezas, bosques y cafetales en toda la Isla.

HÁBITOS

El Pájaro Bobo Mayor se mueve lentamente por la maleza, forrajeando en el estrato intermedio y el dosel de los bosques en busca de presas. Se alimenta principalmente de los abundantes lagartijos, presas que componen quizás tres cuartas partes de la dieta. (Se ha documentado que en algunas zonas boscosas de Puerto Rico la densidad poblacional de lagartijos es de más de 4,000 individuos por acre.) El Pajaro Bobo Mayor también come grandes arañas e insectos, incluyendo cigarras, escarabajos, insectos palitos y orugas. A menudo mantiene el cuerpo inmóvil mientras contorsiona el cuello en ángulos extraños para poder embestir las presas. Aunque esta especie es grande y llamativa, puede ser difícil de ver debido a sus movimientos lentos en el follaje espeso. Aun así, después de llover a veces se posa en un lugar expuesto para secarse y arreglarse las plumas. El nido es una plataforma de palitos en un árbol o arbusto donde deposita 2 ó 3 huevos azules.

31

Pitirre; " CADA GUARAGUAO TIENE SU PITIRRE"

Ave nativa, pero no endémica muy abundante y de mucho simbolismo nacional.

NOMBRE CIENTíFICO Tyrannus domimicensis

IDENTIFICACIÓN

Dorsalmente gris y por abajo blanco, con antifaz negro. La cola es ligeramente ahorquillada. Las plumas rojas de la corona muy pocas veces son visibles. Tamaño: entre 9-10 pulgadas aprox.(22-25 cm.); peso: alrededor de onza y media (42-48 g.)

VOZ

El llamado común de esta ave es uno de los sonidos característicos de Puerto Rico. El Pitirre enfáticamente repite su llamado desde el alba hasta el crepúsculo. Es una de las primeras aves que cantan al romper el día, cuando emite un canto más prolongado y trinado.

HÁBITAT

En cualquier lugar donde pueda posarse (antenas de televisión, líneas eléctricas, postes, etc.) y áreas abiertas donde pueda cazar insectos al vuelo: campos, parques, el borde de áreas boscosas y calles en las ciudades.

El Pitirre es una especie muy agresiva ---especialmente durante la temporada de cría--- y cela su territorio contra otras parejas de Pitirre y posibles depredadores como Guaraguaos, halcones, garzas, yaboas, Mozambiques, Pelícanos, gatos y humanos. De hecho, una expresión popular es "Cada guaraguao tiene su pitirre".

ESTADO Y CONSERVACIÓN

Una de las aves más comunes de Puerto Rico, el Pitirre se ha adaptado exitosamente a la presencia de los seres humanos.

DISTRIBUCIÓN

Anida en las islas del Caribe y desde la costa de Georgia y la Florida hasta el norte de Colombia y Venezuela.

33

Reina Mora de Puerto Rico

NOMBRE CIENTIFICO Spindalis portoricensis

IDENTIFICACIÓN
El macho es verde por arriba con el cuello y el pecho anaranjado. La cabeza es negra con rayas blancas arriba y debajo del ojo. La cola y las alas son oscuras, éstas últimas con una difusa barra blanca. Contrastando con el llamativo plumaje del macho, la hembra es color verde oliva con estrías no muy marcadas en la parte ventral y una vaga sugerencia del patrón de la cabeza del macho. Tamaño: 17 cm.; peso: 26-31 g.

VOZ
El persistente canto de esta especie consiste de una serie de chillidos que el ave emite desde una rama en el dosel o, a veces, volando alrededor de una percha favorita. Algunas de las notas son tan agudas que mucha gente no consigue oírlas. El llamado es un débil "tsit".

HÁBITAT
Bosques, jardines en las urbanizaciones y plantaciones con plantas que estén fructificando, a todas las elevaciones.

HÁBITOS
Esta tangara se desplaza en parejas o bandadas pequeñas que frecuentan todos los niveles de bosques y plantaciones. También se integra a las bandadas mixtas. Se alimenta principalmente de bayas y frutas como higos, zarzamoras y la fruta del yagrumo, pero también consume áfidos y otros insectos. Al igual que ocurre con muchas otras especies, el macho a veces confunde su propio reflejo con la presencia de un rival y ataca sin descanso ventanas y espejos tratando de espantar al "invasor". Los nidos de la Reina Mora son muy variados, desde una pequeña copa a nidos más voluminosos y profundos. La puesta es de 2 a 4 huevos color azul celeste con manchas marrón en la parte más gruesa.

35

Reinita del Bosque Enano

NOMBRE CIENTIFICO Dendroica angelae

IDENTIFICACIÓN
Esta reinita es negra por arriba, con una gran mancha negra en las mejillas, marcas blancas en la cara y dos barras blancas en las alas. Las partes ventrales son blancas, con pecas negras en forma de lágrima que se unen para crear una serie de estrías que van desde la garganta hasta el vientre. La cola, negra, tiene manchas blancas por abajo. En comparación con muchas otras reinitas migratorias que anidan en América del Norte, el pico es más largo y las alas son más redondeadas, un patrón común en las reinitas endémicas de las Antillas conocido como el "fenómeno de las islas". Tamaño: 12 cm.; peso: 8.4 g.

VOZ
El canto es una serie galopante de notas secas. El llamado es un zumbido claro.(En la grabación de la Reinita de Bosque Enano, también canta un Bien-te-veo).

HÁBITAT
Bosque enano y bosque montano bajo de 370 a 1,030 metros de elevación

HÁBITOS
Esta reinita suele ser vista por sólo unos instantes mientras afanosamente captura insectos en la superficie de ramas y hojas, casi nunca quedándose en un lugar por más de unos pocos segundos. A veces revolotea para agarrar un insecto de la superficie de una hoja y rara es la vez cuando caza insectos al vuelo. En el bosque enano forrajea justo debajo del dosel, a menudo en el enmarañado de las enredaderas, y en los bosques de mayor porte prefiere el estrato intermedio. Frecuentemente viaja en bandadas mixtas que pueden estar compuestas por Bobitos, Candelitas y la Llorosa. Ambos sexos construyen un nido en forma de copa en las enredaderas o en un manojo de hojas en el dosel, a veces con una hoja de yagrumo como cubierta protectora. Los dos o tres huevos son puestos en abril. Debido a la distribución muy restringida, el tupido hábitat y la semejanza superficial con la migratoria Reinita Trepadora, esta especie endémica no fue descubierta sino hasta mayo de 1972. Los doctores Cameron y Angela K. Kepler se encontraban trabajando con otras especies en el Bosque Nacional del Caribe cuando descubrieron a la Reinita de Bosque Enano.

Reinita Mariposera

NOMBRE CIENTIFICO Dendroica adelaidae

IDENTIFICACIÓN

Reinita de espalda gris con la garganta y el pecho color amarillo. Tiene una línea amarilla y blanca sobre el ojo y una media luna blanca debajo de éste. Tamaño: 12 cm.; peso: 7 g. Esta especie fue nombrada en honor a Adelaide Swift, hija de Robert Swift, el coleccionista que capturó el primer espécimen (el espécimen "tipo") para el Smithsonian Institution. Otras especies de reinita han sido nombradas en honor a los parientes o las amigas de taxónomos o coleccionistas, o sus patrocinadores.

VOZ

El llamado es un claro y sonoro "chic" y el canto es un trino repentino que puede subir o bajar. Canta enérgicamente hasta tarde en las mañanas, hora cuando la gran mayoría de las especies cantan poco, y puede cantar en cualquier época del año.

HÁBITAT

El llamado es un claro y sonoro "chic" y el canto es un trino repentino que puede subir o bajar. Canta enérgicamente hasta tarde en las mañanas, hora cuando la gran mayoría de las especies cantan poco, y puede cantar en cualquier época del año.

HÁBITOS

La Reinita Mariposera se alimenta de insectos que agarra de la superficie del follaje en los estratos intermedios y superiores del bosque. Entre las presas figuran saltamontes, orugas, escarabajos, chinches, moscas, arañas y, de vez en cuando, algún coquí. Comúnmente se integra a las bandadas mixtas compuestas por San Pedritos, vireos y reinitas migratorias de América del Norte. El nido en forma de copa es colocado a 3-20 pies de altura en un árbol o arbusto y en él la hembra deposita de 2 a 4 huevos blancos con manchas color marrón.

39

Ruiseñor
Ave nativa no-endémica muy abundante.

NOMBRE CIENTíFICO Mimus polyglottos

IDENTIFICACIÓN
Ave colilarga y llamativa, gris por arriba y blanco por abajo, con una mancha blanca en las alas. Tamaño: entre 9-11 pulgadas (23-28 cm.); peso: onza y media aprox.(43-50 g.) Con frecuencia el Ruiseñor imita a otras aves, al igual que otros sonidos en su entorno como gatos, carros y motores. Le gusta imitar al Pitirre, al Zorzal de Patas Coloradas y al Julián Chiví. Se ha documentado un individuo en América del Norte con 194 frases diferentes en su repertorio.

HÁBITAT
Fincas, áreas abiertas y poblados.

ESTADO Y CONSERVACIÓN
Muy adaptable y común en los llanos de Puerto Rico, especialmente en la costa sur. En demanda por su canto, a principios del siglo XX los Ruiseñores estaban a la venta por 10 a 15 dólares cada uno. Se mantenían en jaulas sencillas hechas con la fruta del higüero con un lado de tela metálica. Algunas personas todavía mantienen a esta ave en cautiverio, ilegalmente.

DISTRIBUCIÓN
Se encuentra desde el sureste de Canadá hasta el sur de México y, en el Caribe, desde las Bahamas por el este hasta las Islas Vírgenes.

41

San Pedrito de Puerto Rico

NOMBRE CIENTIFICO Todus mexicanus

IDENTIFICACIÓN

Un diminuto pájaro forestal de llamativo plumaje. La cola es corta, las partes superiores son verde esmeralda y la garganta es rojo brillante, al igual que la mandíbula inferior. Los flancos están teñidos de amarillo. Los ojos son grises en los machos, blancos en las hembras. Tamaño: 11 cm.; peso: 5-6 g.

VOZ

El llamado común es un "prii" que recuerda un insecto. A veces chasquea las alas al levantar vuelo.

HÁBITAT

Todo tipo de bosque con abundante maleza, siempre y cuando existan barrancos naturales o artificiales donde anidar.

HÁBITOS

El San Pedrito de Puerto Rico se posa callado, con el pico apuntando hacia arriba, mientras rápidamente otea el sotobosque en busca de insectos. Puede quedar tan inmóvil que es difícil detectarlo, aun cuando su plumaje es de colores brillantes. De repente vuela hacia arriba para agarrar un insecto de la superficie inferior de una hoja o una rama y luego se posa en otra percha. Menos frecuentemente caza insectos al vuelo. El San Pedrito come insectos como esperanzas, saltamontes, grillos, tijerillas, libélulas, moscas y escarabajos, además de arañas, y de vez en cuando consume pequeños lagartijos y frutas. Cuando se excita, el San Pedrito mueve el cuerpo para arriba y para abajo. Un territorio promedio en bosques a poca elevación ocupa 1.8 acres (0.7 hectáreas) mientras que a elevaciones más altas, donde los insectos son menos abundantes, los territorios pueden ocupar 5 acres (2 hectáreas) por pareja. El comportamiento reproductivo del San Pedrito es poco usual entre las aves de Puerto Rico. Todos los años, típicamente entre febrero y mayo y por espacio de 8 semanas, la pareja escarba un túnel angosto en un talud. Este túnel tiene de 25 a 35 centímetros de largo y termina en una cámara donde la hembra pone de 2 a 4 huevos blancos. Cada huevo equivale a una cuarta parte del peso de la hembra, más del doble de la proporción típica de otras aves. Para conservar energía, el San Pedrito puede disminuir su temperatura corporal unos 11 grados centígrados durante períodos de temperaturas bajas, especialmente si está anidando. Ambos sexos incuban los huevos durante aproximadamente 21 días. A veces, San Pedrito que no son los padres de la nidada asisten en la incubación y la cría de los pichones.

43

Zumbador Verde

NOMBRE CIENTIFICO Anthracothorax viridis

IDENTIFICACIÓN

Colibrí grande de pico curvo. Ambos sexos son verde por arriba y por abajo, con la cola azulosa. La intensidad del color depende del ángulo del sol. Tamaño: 11-12 cm.; peso: 6.6-7.2 g.

VOZ

Un gorjeo grave.

HÁBITAT

Bosques, cafetales y el borde de los bosques en montañas y colinas.

HÁBITOS

Se alimenta principalmente de insectos (por ejemplo, escarabajos y moscas), arañas y néctar. A veces caza insectos al vuelo pero más típicamente los agarra de la superficie de las hojas y la corteza. Al igual que el Zumbadorcito, el Zumbador Verde a veces le roba el néctar a las flores, perforándolas en la base en vez de introducir el pico en la corola. El Zumbador Verde agresivamente cela una fuente de alimento como un tupilán africano, persiguiendo sin tregua a otros colibríes que invaden su territorio. Los zumbadores pueden ver la luz ultravioleta, lo que les permite detectar patrones en las flores que el ojo humano no puede distinguir. El minúsculo nido en forma de copa está construido con fibras vegetales y por afuera está forrado con líquenes. Esta estructura, que se construye sobre una rama, a menudo está colocada a una altura mucho más alta que los nidos de otros colibríes en Puerto Rico. La hembra pone dos huevos blancos. Aunque es la hembra quien se encarga de toda la incubación y el cuido de los pichones, el macho suele montar guardia en un árbol cercano mientras la hembra yace en el nido.

Zumbadorcito de Puerto Rico

NOMBRE CIENTIFICO Chlorostilbon maugaeus

IDENTIFICACIÓN

El cuerpo del macho es verde iridiscente, con la cola negra y ahorquillada. La mandíbula inferior es color carne o roja con la punta negra. La hembra es blancuzca por abajo, con las puntas de la cola color blanco. Tamaño: 9-11 cm.; peso: 2.8-3.6 g.

VOZ

El canto es un chillido agudo. También emite otros chillidos al perseguir a otros colibríes.

HÁBITAT

Bosques, manglares y jardines en toda la Isla.

HÁBITOS

El Zumbadorcito de Puerto Rico se alimenta de insectos (mosquitos y moscas, por ejemplo) arañas y néctar. El macho suele forrajear más alto en la copa de los árboles que la hembra y también prefiere el néctar. Los colibríes son muy territoriales e intensamente defienden con persecuciones aéreas sus rincones favoritos del bosque. Algunos Zumbadorcitos le "roban" el néctar a las flores perforando un hueco en la base de las mismas. Esto deja a las flores sin la esperada polinización pero desde el punto de vista del colibrí es un atajo a su fuente alimenticia. El Zumbadorcito de Puerto Rico anida en cualquier época del año, pero lo hace principalmente de febrero a mayo, antes del comienzo de las fuertes lluvias. El nido es una copa minúscula hecha con líquenes, helechos gigantes y otra materia vegetal que se expande conforme los dos pichones van creciendo. Los huevos son pequeñísimos: tan sólo 8 x 13 mm. El nido ha sido usado como remedio casero para tratar el asma.

Las aves endémicas de Puerto Rico

Pajaro Bobo

Bien-te-veo

Cotorra

Reinita Mariposera

Guabairo

Mariquita

San Pedrito

Carpintero

Múcaro

Comeñame

Llorosa

Juí

Reina

Reinita de Bosque Enano

Zumbador Verde

Zumbadorcito

Calandria

RBS(c)2014

Con el propósito de educar sobre las aves de nuestra isla y la necesidad de protegerla, surge el primer libro para colorear sobre las aves de Puerto Rico dirigido al público infantil y juvenil con un gran atractivo visual. Contiene información general sobre la especie, nombre común, científico, voz, habitat, comportamiento, etcétera; ilustrado con hermosos dibujos de aves jóvenes en su habitat. Este libro representa una maravillosa herramienta para los padres y los maestros que desean fomentar en sus niños el amor por las aves y nuestra naturaleza. Está especialmente diseñado para un público entre las edades de 6 a 12 años.

Créditos:

Las Aves de Puerto Rico, Virgilio Biaggi 1970

Profesor Javier Bravo González, Escuela Regional de Bellas Artes de Arecibo.

La Sociedad Ornitológica Puertorriqueña, Inc. (SOPI)

Ornithology and Bioacoustics at the Florida Museum of Natural History

Reserva Forestal de Rio Arriba

Reserva Forestal de Cambalache

Reserva Forestal de Guajataca

Roland Borges Soto MA Ed.

Otros Títulos Disponibles

Made in the USA
Columbia, SC
18 February 2021